I0021863

Manipulação de Redes Sociais

Direitos reservados

Nenhuma parte deste livro pode ser reproduzida por qualquer processo mecânico, fotográfico ou eletrónico, ou sob a forma de gravação fonográfica. Nem pode ser armazenada num sistema de recuperação, transmitida ou copiada para uso público ou privado - outras além do que direitos específicos concedidos ao leitor através da compra ou "uso justo". Como breves cotações incorporadas em artigos e revisões - sem permissão prévia por escrito do autor.

Os direitos autorais deste livro estão registados em Copyrighted.com nº MsFF8futlARm896B

Não pode usar o material para fins comerciais.

Se reeditar, transformar ou reproduzir este material, não poderá distribuir o material modificado.

Qualquer uso não autorizado deste livro é uma violação dos direitos autorais e é punível por lei.

Digital Millennium Copyright Act título 17 Capítulo 512 (c)(3). A reprodução ou republicação deste conteúdo sem permissão é proibida. Caso necessário recorro a serviços Takedown.

Índice

Este livro está redigido em português europeu, logo algumas expressões podem parecer diferentes, não constituindo "erros".

Revelarei segredos das redes sociais, técnicas obscuras que o utilizador comum só descobre após anos de pesquisa.

Diversas empresas, partidos políticos, influencers digitais, fazem crescer as suas redes sociais (obtêm milhares de seguidores rapidamente) usando atalhos.

Neste e-book vou mostrar como conseguir milhares de seguidores no espaço de um mês. Técnicas proibidas e raramente reveladas, para "brandjacking", derrubar a concorrência, etc.

Obviamente, deve começar por estabelecer conexões e adicionar pessoas que conhece, organicamente (pessoas reais), mas gradualmente, ir comprando seguidores.

Estas dicas e websites são úteis para 2023 e 2024, não sei por quanto tempo estes websites ficarão ativos. Também este e-book pode ser censurado e removido da internet a qualquer momento, portanto aproveite!

Introdução

A janeiro de 2020, o Instagram relatou quase um bilião de utilizadores mensais. Em janeiro de 2021, esse número deve subir vários degraus e esse rápido aumento de utilizadores do Instagram só mostra o quão longe a plataforma chegou. Hoje, o Instagram é uma grande máquina de fazer dinheiro para empresas e influenciadores de redes sociais, e é por isso que é muito mais do que uma plataforma social.
Por outro lado, é praticamente uma carreira para muitos.

As marcas mais influentes e influenciadores de redes ganham milhões por postagem, então por que deveria ficar para trás?

Antes de começar a ganhar dinheiro de verdade com o Instagram, precisa trabalhar duro para cultivar a sua imagem na plataforma. Existem alguns fatores que determinam a rapidez e quanto dinheiro ganha com o Instagram. Isso inclui quem você é, os valores que a sua marca representa, o que tem a oferecer e quantas pessoas confiam em si e procuram soluções. Estabelecer a identidade da sua marca e garantir a qualidade dos produtos e/ou serviços é a sua maior responsabilidade. Mas, existem maneiras de aumentar rapidamente o número dos seus seguidores. Opções para obter seguidores gratuitos no Instagram e alternativas pagas podem dar-lhe uma vantagem sobre os seus concorrentes.
Isso é especialmente no que diz respeito a alcançar o seu público-alvo e causar uma impressão duradoura.

Com mais seguidores, terá um fluxo consistente e crescente de pessoas que não apenas compartilharão o seu conteúdo, mas também comprarão os seus produtos.

Quando faz um nome para si mesmo no seu nicho e tem seguidores decentes o suficiente, a sua postagem pode aparecer na página Explorar do Instagram.

Mais tráfego para o seu blogue/site: se a sua marca funciona principalmente a partir do site oficial, precisará usar o Instagram como uma plataforma para comercializar o seu site. Encontrará muitos blogues e artigos na Internet que recomendam seguir algumas etapas fáceis. Isso inclui adicionar o link para o website da sua empresa na biografia do Instagram e em todas as imagens e vídeos postados.

Instagram Ads:

Além de compartilhar fotos e vídeos, também pode postar anúncios para promover o que tem a oferecer no Instagram. Existem várias configurações que pode experimentar para encontrar o tipo certo de anúncio para sua marca. Pode até usar o conteúdo existente na sua página e transformá-lo em anúncios com o recurso Instagram Ads. Para criar e gerir anúncios no Instagram, deve usar o Ad Manager do Facebook, pois o Instagram é um aplicativo de propriedade do Facebook.

Por que razões comprar seguidores?

É contra as regras?

Tecnicamente é "contra" as regras, mas quem define as regras? A própria rede social (seja YouTube, Facebook, Twitter, Instagram) tem as próprias regras individuais.

Suponha que criou um canal YouTube recentemente, e tem apenas 40 seguidores. Não será capaz de personalizar o link do seu canal, pois o YouTube só permite isso a partir de 100 inscritos.

Outro exemplo: criou um grupo de discussão no Facebook, mas tem apenas 28 membros. Ninguém se tornará facilmente um integrante de um grupo que parece novo ou fraco, pouco ativo, pois sabe que, ao enviar uma mensagem, poucas pessoas irão visualizá-la. Mas se o seu grupo tiver 1000 membros, causará outro impacto emocional, já compensa aderir. Irá ser um imã para novos membros.

Há dois tipos de seguidores que pode comprar:

Fake (*ghost profiles*), que são *bots*.

E pessoas reais.

Os perfis "fake", na verdade, são criados por softwares, são "bots", e só servem para aumentar a quantidade. Se quiser mais seguidores no Instagram, isso ajudará a ser mais sugerido no próprio Instagram.

Mas esses perfis falsos, podem ter comportamentos praticamente verdadeiros, pois são geridos por uma equipa, estão sempre a ser utilizados para subscrever novos canais, fazer "likes", etc. Diariamente efetuam login na rede social, logo estão constantemente ativos.

Quanto aos perfis de pessoas reais, existem sites que vendem e depois, de algum modo, compensam monetariamente esses membros. Naveguei em sítios web que pagavam 10 cêntimos por cliques, likes e interações no YouTube. Para mim, era um hobby. No final do mês, costumava acumular 30 ou 40 dólares, que usava para outras finalidades, no PayPal. Para mim 30 dólares pode ser pouco, mas para pessoas no Paquistão ou Índia torna-se muito. Assim, é compreensível que existam bases de membros há venda, cliques e *likes* de pessoas reais à venda.

O Fiverr.com é um site bem-conceituado de freelancers. Aos poucos, torna-se num "mercado negro", pois já há vendedores que operam redes de perfis falsos, a venderem os seus serviços. Por apenas $10 eles conseguem-lhe milhares de seguidores ou *likes*.

Dois modos de crescer

Pode aumentar o seu alcance nas redes sociais de duas formas, a difícil (*hard way*) e a fácil. Repare, não significa que faz "batota", ou seja; preguiçoso. Cresci as minhas redes sociais de modo árduo, mas notei que requer muitas horas por dia para fazer convites, criar conexões, interagir (dar *likes*, convidar pessoas, comentar *posts*) e, após um ano, tenho apenas algumas centenas de seguidores.

Tem disponível, após um dia de trabalho, algumas horas para passar nas redes sociais? Ao passo que progride lentamente, de modo honesto e árduo, os outros ultrapassam-no e crescem rapidíssimo, será justo para si?

A minha recomendação é: tente os dois métodos. Continue de forma árdua e honesta a interagir, divulgar em motores-de-busca e diretórios, faça blogues e escreva *posts*, convide pessoas, interaja, mas, ao mesmo tempo, dê um "boost" comprando 200 ou 300 seguidores.

Não seja impaciente e não compre 5000 seguidores de uma só vez! Esse seria um crescimento "rápido" e suspeito nas redes sociais, o Facebook, Instagram, ou qualquer outra, iria desconfiar e apagar esses perfis. Recomendo adquirir lenta e gradativamente, cerca de 200 ou 300 seguidores e "likes".

Depois faça organicamente, por si mesmo, convites de pessoas, interação, comentários, *likes*, etc. Após uma semana, compre mais 300 seguidores, e assim gradativamente.

Se criar um site hoje e divulgar nos motores-de-busca, levará pelo menos oito meses até que sejam indexados. Só depois de um ano, talvez, comece a ter algumas visitas consideráveis no site. A maioria dos sites já não aceita submissão gratuita. É necessário pagar para o cadastro. Percebe como é difícil?

Portanto, na internet, surgem esses serviços de comprar seguidores, *likes*, comprar *backlinks, guest posts*, e outros métodos. Isso é feito por grandes marcas e influenciadores.

Se seguir o caminho da "honestidade" e do "trabalho duro", ficará para trás. Passados dez anos, talvez tenha um seguimento razoável (6 mil ou 8 mil pessoas), mas nada mais que isso.

A internet tornou-se uma selva de competidores, quer ser um peixinho ou agir como um tubarão?

Websites de exemplo:

www.instafollowers.co

Este website é confiável, oferece resultados em 24 horas. Aceitam vários métodos de pagamento (exceto PayPal), mas pode pagar com Visa. Tem preços acessíveis, por exemplo, 1000 seguidores por 9 dólares, etc. Assim que comprar, recebe imediatamente um email com o recibo e o progresso da sua compra. Após adicionados os seguidores (ou *likes*) receberá outro email deles.

Nesse website é possível comprar Seguidores para Instagram, TikTok, YouTube, Twitter, Twitch, Tumblr e outros. Pode igualmente comprar *likes* para os seus *posts* ou vídeos. Ainda pode comprar centenas de *backlinks* (links de outros websites e blogues que vão reencaminhar um *hyperlink* para o seu website) sendo bom para posicionamento web, tráfego e SEO.

Pode, também, comprar comentários para os seus vídeos e *posts*.

Seguidores para Pinterest e *repins*. Um *repin* é quando um utilizador salva um seu *pin* ou o marca na sua própria pasta, ajudando a divulgar o seu *post* "pin" de imagem. Seguidores para LinkedIn.

13

Outro website do género é o Famoid

https://famoid.com/

Não testei ainda, mas o feedback geral tem sido positivo. Este sítio web aceita pagamentos pelo PayPal. Dizem que os seguidores que eles fornecem não são "bots" são utilizadores reais. Pessoalmente não posso confirmar se será bem assim, mas mesmo que sejam perfis "fake", eles todos os dias desempenham funções com esses perfis, pois todos os dias esses perfis adicionam novas pessoas, fazem *likes* e comentários, mesmo que geridos por uma mesma equipe, eles desempenham funções reais. Este site promete reposição automática de seguidores no Instagram do cliente caso haja uma queda no número deles, através de uma "compensação automatizada".

Esses websites disponibilizam seguidores de forma gradativa (método *drip-feed*), entre 1 a 2 dias, para que o algoritmo das redes sociais não os considere suspeitos. Esses sites oferecem uma espécie de garantia, se o número de seguidores cair (ou alguns forem excluídos, consequentemente) eles reembolsam ou repõem os seguidores (*refill*).

Outro sítio web que recomendo é o Insta Growing, que se concentra exclusivamente no Instagram.

https://instagrowing.net/buy-instagram-followers/

Aceitam pagamento por Visa, Apple Pay, Google Pay, ou bitcoin. Tem vários preços, pode, por exemplo, adquirir 500 seguidores no Instagram por $8. Há dois tipos de seguidores à venda, os "simples" e os "premium", com garantia de 30 dias e reposição garantida.

Incluem um serviço inovador automatizado de *likes* (*autolikes*) em que cadastra o seu Instagram, sempre que publicar um *post* novo receberá *likes* nesse *post*, de forma automatizada. O algoritmo deles é capaz de identificar quando há um novo post no Instagram do cliente e os perfis fazem *likes*.

https://instagrowing.net/buy-instagram-autolikes/

O preço começa nos $19,99 para 80 autolikes.

Também vendem comentários para Instagram.

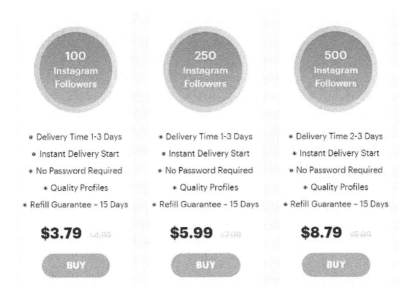

Quarto website que indico é o Turbo Media

https://www.turbomedia.io

Tem vários preços, pode comprar 250 seguidores no Instagram por $10. Também existe opção gratuita, em que se inscreve e segue 20 perfis e faz *likes* (é troca mútua de seguimento e *likes*). Aceitam pagamentos com Visa e bitcoin. Um aspeto positivo neste site é que tem *reviews* reais de clientes através do Trustpilot.

O que é bom neste website é que vende serviços para múltiplas redes sociais, ou seja, também para YouTube, TikTok, Spotify, Facebook, Pinterest, Twitch. Por exemplo, 250 seguidores no Facebook custam $25. Dão garantia de *refill* (recarregar seguidores) por um ano.

Alguns desses websites podem ser o que se conhece por Painel SMM (Social Media Marketing). Permitem comprar seguidores, *likes, views*, e até proporcionam um painel com estatísticas detalhadas das suas redes sociais. Um desses é o Nord Panel, que inclui versão em português:

https://nordpanel.net/pt/

Quinto website:

O "Popularity Bazaar" é bom para muitos serviços, mas uso para obter comentários e likes no YouTube. O preço é acessível, 50 likes por apenas 1,79$ e aceitam PayPal.

https://popularitybazaar.com/youtube-likes/

Buy Cheap YouTube Likes with PayPal!

YouTube Likes delivery starts Automatically mostly in few hours! PayPal Available!

Buy Youtube Likes

SELECT PACKAGE

50 - $1.79

+10 YouTube Likes for FREE!
You will receive 60 Likes
Starts after a few hours
Delivery on Natural Pattern
Real Likes
Top Notch Quality

~~$3.50~~ $1.79

YOUTUBE VIDEO LINK *

https://www.youtube.com/watch?v=example.com

- 1 + ADD TO CART

Outros:

https://www.redsocial.com

https://promosoundgroup.net

https://www.geohits.net

Nestes há a opção de seguidores reais (perfis reais) e *likes* reais, que podem ser escolhidos consoante o país (geo targeted) que desejar. Exemplo $13 para 1000 *likes*, $12 para 400 subscritores.

No Geohits, pode personalizar, por exemplo, 200 seguidores reais para Instagram, $2:

https://www.geohits.net/boost/instagram-followers-hq/

Nesse site aceitam Visa ou PayPal.

https://smmlaboratory.com/facebook

No SMM Laboratory também há opções de *likes* e seguidores por geo localização, escolha o País que deseja, preços acessíveis. Também vendem tráfego para websites. Oferece múltiplos serviços para diferentes redes sociais, como Telegram, Soundcloud e Spotify (para divulgação de DJs e músicos), visualizações para o YouTube, seguidores para o Discord, Dailymotion, votação em *posts* ou sondagens do seu site, etc. Apenas aceitam Webmoney ou Visa.

Exemplo; *likes* do Brasil:
https://smmlaboratory.com/facebook/fanpage/tagreted/

O Buy SEO Store tem muitas redes sociais e opções, seguidores, *likes*, comentários, inclusive para blogues (Blogger) e websites. Preços acessíveis e aceitam PayPal (o que é bom).

https://buyseostore.com

Buy Blogger Share
$3 – $100

SELECT OPTIONS

Buy Blog Comment Backlinks
$2 – $100

SELECT OPTIONS

Social Boss

www.socialboss.org

Aceitam Visa, ou bitcoin. Tem a vantagem de poder comprar seguidores por regiões (americanos, Reino Unido, Europa, etc.). Opte por seguidores premium (reais, não são *bots*, com perfis antigos e baixo risco de quebra/dropping).

Portugal inclusive tem um website "oficial" que vende *likes* e seguidores, 100% lusitano, aliás patrocinado com os fundos do programa "Portugal 2020" e auto intitulam-se uma start-up Portuguesa.

Porém, algumas frases do website estão em português do Brasil, o que é um pouco estranho "entramos em contato com você" em vez de: entramos em contato consigo, "mídia social" em vez de "media", "aproveitar seus perfis" em vez de: aproveitar os seus perfis, "estão oferecendo" em vez de: estão a oferecer. Além disso, não acredito totalmente que os milhares de seguidores que vendem sejam todos reais ou europeus, muito provavelmente também há "*ghost followers*" indianos e chineses, no meio. Parece que são revendedores (resellers) utilizando Child SMM Panel.

http://seguir.pt

Recomendo o "Like Me" particularmente a pessoas de Portugal (como eu) ou do Brasil.

Pois eles vendem comentários, *likes* e seguidores de perfis reais (de sites que pagam por tarefas), em idioma português.

https://likeme.pt/services/insta-seguidores

O suporte é bom, respondem rapidamente às questões por email.
Tem opção, em Portugal, de pagar com MBWay ou Multibanco.
Preços acessíveis, por exemplo 500 seguidores Instagram por 6€.

Muita atenção: No Fiverr, ou nalgum website de venda de seguidores e *likes*, nunca dê a sua password ou utilizador. Não é necessário para esse processo, quem lhe pedir utilizador e password da rede social em questão, é mafioso.

Legalidade

A "ilegalidade" ou "legalidade" disto é uma questão de semântica apenas. A Lei geralmente não diz ser ilegal comprar seguidores e *likes*, não existe legislação sobre isso. O que existe são os "termos de serviço" de cada rede social.

Se o Facebook nos termos de serviço disser "É proibido escrever a palavra Hitler", por exemplo, quando digitar essa palavra está a cometer uma ilegalidade.

Não violou lei alguma, apenas violou uma regra interna dessa rede social.

O Facebook é um pouco hipócrita, proíbe que o utilizador comum por vezes publique *posts* com alguns links, considera isso "Spam", mas, por outro lado, permitem anúncios (*posts* patrocinados) que as grandes marcas divulgam sobre investimento de alto risco, investimento bitcoin, etc. Porquê?

Porque esses anúncios rendem milhões ao Facebook (Meta) ao Zuckerberg, entende?

Ou seja, você não pode fazer quase nada, mas as grandes corporações que pagam *posts* patrocinados podem escrever o que quiserem, desde que paguem!

Quando paga bem por algo, e a rede social lucra com isso, deixa de ser "ilegal".

Se pagar ao próprio Facebook Ads para divulgar um anúncio, ou *post*, para obter *likes*, já é legal, porquê? Porque está a pagar ao Facebook, o Mark Zuckerberg está a enfiar dinheiro no rabo, assim já é legal obter *likes*, desde que pague ao Facebook. Entende a ironia?

Gerir a sua própria rede de perfis *fake*.

Tenha o seu próprio exército de perfis no Facebook, imagine um exército de 50 ou 100 perfis (realistas, verificados, com grupos de amigos, fotos, endereço, etc.) com os quais pode fazer o que quiser. Pode fazer *likes* e comentar os seus *posts*, aderir como membros no seu grupo, fazer um "boost" nas suas publicações aumentando a popularidade, entrar em grupos nos quais o seu perfil original estava banido, etc.

Começarei com a parte mais difícil.

Account Farming:

Existe um método de "fabricar" e "crescer" redes de centenas de perfis, essa técnica tem vários nomes, mas um deles é "Facebook accounts farming", ou simplesmente "Facebook farming". Isto significa "cultivo" de contas Facebook e imitam atividade de usuários e passam os testes anti-fraude, verificação de conta com SMS, etc. O "account farming" pode ser feito para qualquer rede social, tal como Twitter, WhatsApp, TikTok, etc. Outro temos que podemos usar é "Bulk accounting", criar contas múltiplas.

Existem alguns softwares na internet (não encontrei soluções na nuvem), tem de instalar o software no seu computador. A maioria dos softwares requer experiência em informática. Pode ser preciso desativar o antivírus e a firewall, ou fazer uma regra para ignorar o software. A firewall do Windows e o antivírus podem não permitir que o programa seja aberto, devido a um possível conflito, etc.

Alguns softwares de "bots" custam em média 200 dólares por ano (paga-se anuidade), um exemplo é o https://autobotsoft.com

Browser antidetect:
Ainda terá de navegar na internet com um navegador "antidetect" que não deixa pistas da sua navegação nem o seu IP. Para administrar cada conta no Facebook, é melhor usar IPs diferentes, pois, caso contrário, o Facebook suspeita.

Esses browsers ocultam as "pegadas" online do navegador e alteram dados para deixar rastros mínimos da sua atividade online.

Proxies dedicados:

Terá ainda de utilizar proxys dedicados. Utilizo o "IPRoyal" que é um serviço com a extensão Google Chrome "IPRoyal Proxy Manager" onde podemos comprar proxies residentes a partir de $2 cada um.

Um proxy é uma forma de *gateway* entre os servidores da web e um dispositivo conectado à internet. As solicitações da web feitas a partir do dispositivo devem passar pelo proxy para esse intermediário fornecido antes de chegar ao servidor da página web de destino (exemplo Facebook). Antes de chegar ao dispositivo, os resultados da página solicitada vão primeiro para o servidor proxy, assim o seu IP nunca é visto, apenas o IP do proxy.

Alguns browsers para navegar "anónimo", são caros, mas o "Incogniton" tem a opção de conta gratuita (com menos recursos) ou $29 por mês.

https://incogniton.com/pricing/

Outro navegador bom é o Ads Power

https://www.adspower.com

Permite abrir vários separadores no browser (cada um é como se fosse uma sessão diferente), para multilogin anónimo. Tem conta grátis (limitada) e a conta paga começa a 9 € mensais (escolha a opção pagamento mensal). Aceitam PayPal.

Acho que é melhor evitar soluções gratuitas e optar por *proxies premium* (de qualidade).

A melhor forma de gerenciar várias contas é usar uma extensão do Google Chrome como o "IPRoyal Manager" e comprar Proxies residentes e fixos (premium, pagos, são de qualidade, não utilize proxies gratuitos). Por exemplo, para cada conta Facebook portuguesa, utilize um proxy específico (IP) e sessão. Para cada conta Facebook americana tenha um perfil nesse browser com um IP próprio (para fingir que cada pessoa/perfil usa um computador diferente), entende?

Evite soluções "gratuitas" VPNs grátis e browsers anti-detect gratuitos, o gratuito poderá parecer "bonito" e poupar-lhe dinheiro, porém a maioria usa IPs partilhados, mudam de IPs sem aviso, e as suas contas Facebook serão banidas porque o algoritmo desconfia.

Use serviços de qualidade pagos (seja browser/extensão browser anti-detection, e proxies). O "IPRoyal" tem uma App para smartphone.

https://iproyal.com

Caro leitor, estas dicas que partilho são valiosas, não apenas para criar e gerir múltiplas contas de redes sociais. Observe que a internet está a tornar-se uma selva de espionagem, pois os nossos dados não são seguros. Os provedores de internet (ISP) e as empresas como o Google vendem os nossos dados e hábitos de pesquisa a redes de marketing, somos "produtos". Os fornecedores de internet também bloqueiam acesso a alguns websites (downloads de filmes e jogos), considera isso justo? Com browsers anti-detect poderá aceder livremente a websites censurados, aliás paga a internet e tem o direito de visitar livremente os sites que desejar e com os seus dados e IP seguros, confidenciais, protegidos, certo?

Em resumo, para "account farming" mais complexo necessita de:

Software.

Browser anti-detect.

E:

Proxies.

Se tiver uma conta Facebook dos EUA, use um proxy americano com uma cidade americana e IP americano. Se for administrar contas espanholas, escolha um endereço IP e uma cidade espanhola, etc.

O Iproxy:

https://iproxy.online/

Oferece IPs com geolocalização e mudança de IPs. É uma aplicação (App) que instala no seu telemóvel, depois pode escolher, por exemplo, proxys de qualquer cidade e País. Vou dar exemplo: Se tem contas Facebook espanholas, use a aplicação no smartphone e aceda a essas contas usando browser e Proxy de Espanha. O Iproxy tem planos desde $6 mês.

O Proxy Store vende proxys de vários países, preços a partir de $13.

https://proxy-store.com/

O **IP Lease** é um website confiável e com variedade de proxies, especialmente preparados para aceder a redes sociais, protocolo IPV4, com diversos valores.

A opção mais barata é selecionar o proxy SMPP-1, proxy dedicado, custando 3 dólares ao mês. Tráfego ilimitado. IPs de várias cidades da Europa e dos Estados Unidos. Aceitam pagamento por Visa, PayPal e bitcoin.

https://www.iplease.io/buy-proxies/social-media-proxies.php

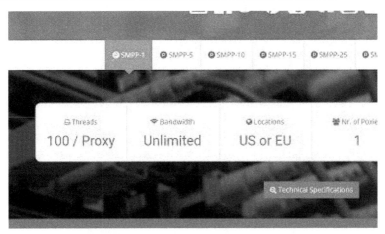

Order Summary

SMPP-1

Social Media Proxies (Dedicated)

SMPP-1	$3.00 USD
» Choose Website Usage: Facebook	$0.00 USD
» Choose Account Type: Current Account(s) Automation	$0.00 USD

Setup Fees:	$0.00 USD
Monthly:	$3.00 USD

$3.00 USD

Total Due Today

Extensões do Google Chrome

Navegadores anti-detect para multilogin, podendo abrir novos separadores para login nas redes sociais.

Cada separador age como um "aparelho" diferente ou perfil diferente, com pegadas digitais distintas, por assim dizer.

Existe uma extensão grátis para o Google Chrome que permite fazer isso, é o **Multi Login**, veja o link:

https://chrome.google.com/webstore/detail/multilogin/ijfgglilaeakmoilpl pcjcgjaoleopfi

Inclui vídeo de exemplo, cada vez que clicar no ícone da extensão abre um novo separador, onde pode fazer login em diversas contas no Facebook (em cada separador).

Quando fechar as janelas/separadores, os cookies e dados serão apagados do histórico automaticamente.

Website oficial: https://multilogin.top

Outra extensão é a **Session Box**, inclui planos desde $3,99 mês.

https://chrome.google.com/webstore/detail/sessionbox-multi-login-to/megbklhjamjbcafknkgmokldgolkdfig

https://sessionbox.io/plans/auto-renewal

Outra extensão é a **Sendwin**

https://chrome.google.com/webstore/detail/sendwin/nbnjpdfblnfaniloeh lfjkdfclljcgfn

Website oficial:

https://www.send.win/pricing

Existe um plano gratuito, um pouco limitado, mas dá para várias sessões simultâneas, em separadores de browser, totalmente anónimo.

Mas o plano "Pro" é apenas $2,99 mensais, permitindo um proxy para cada sessão. Inclui encriptação AES-256 em cada sessão de navegação.

Extensão Proxy

A WindScribe tem um plano grátis (para proxy de navegação) que permite até 10 GB de navegação. Tem excelentes opiniões.

https://chrome.google.com/webstore/detail/windscribe-free-proxy-and/hnmpcagpplmpfojmgmnngilcnanddlhb

https://windscribe.com/vpn-for-chrome

Diferença entre VPN e proxies. Ambos podem usar-se.

Uma rede privada virtual (VPN) irá criptografar a sua camada no nível do sistema, ou seja, todo o seu tráfego de Internet será direcionado através do servidor VPN.

A única maneira de usar uma VPN para marketing é fazê-lo de forma manual. Primeiro, ligue-se ao servidor VPN usando o cliente VPN. Em seguida, abra o navegador da Internet e faça login na sua rede social. Para cada conta ativa, deve-se proceder dessa forma. No entanto, algumas VPN podem alterar os IPs sem prévio aviso. O ideal é usar um navegador ou uma extensão Google Chrome com proxies residentes.

Benefícios dos proxies de rede social em relação aos VPNs.

Com uma VPN pode desviar todo o seu tráfego ao nível do sistema. Portanto, todos os seus outros aplicativos, como Google Drive ou aplicativos baseados em nuvem, devem ser desconectados e conectados novamente, assim que a conexão VPN estiver a funcionar. Além disso, precisará conectar cada conta individualmente. Uma tarefa cansativa quando gere mais de dez contas.

Por outro lado, os proxies de redes sociais, pela sua simplicidade, podem ser usados para conectar contas manualmente por meio de uma extensão do browser. Tudo o que precisa fazer é "rodar", "mudar" os proxies na extensão. Portanto, não precisa desviar todo o seu tráfego pelo servidor proxy. Dessa forma, mantém as suas apps do Google abertos ao utilizar o Google Chrome e usa os seus proxies pelo Mozilla Firefox.

Outra vantagem dos proxies sociais é poder automatizar suas contas e desviar o tráfego por eles.

A **Okay VPN** parece boa opção, é um serviço pago (premium) com proxies residentes de qualidade. Custa $20 mensais.

https://www.okayvpn.com

Pode escolher alguns proxies. Depois quando criar cada perfil falso Facebook (conforme a nacionalidade do perfil) utilize proxy IP desse país. A facilidade da Okay VPN é que os proxies residentes já ficam integrados na VPN (não necessita de configurar nada).

Para receber código de verificação por SMS pode utilizar números eSim virtuais (sem necessidade de ter vários cartões e smartphones físicos). Para isso alugue números com a aplicação Numero eSIM

https://www.numeroesim.com

Criar diversas contas em redes sociais, como o Facebook:

Estas contas já estão "preparadas" e verificadas. São fornecidos os dados de logins.

https://bulkaccountsale.com

Preços baixos, por exemplo, 20 contas Facebook custam somente 14 dólares.

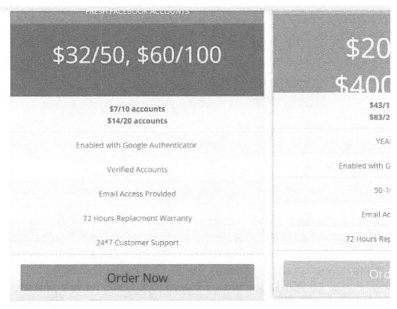

About Facebook

Aceitam pagamentos com bitcoin, cartão Visa (via Stripe), Transferwise, Perfect Money.

https://accountbucks.com

A Account Bucks vende perfis do Facebook a diferentes valores, exemplificando, 10 contas por 15 dólares. Também vendem contas de Instagram, Gmail, Twitter, etc. Aceitam Visa e PayPal. Também vendem seguidores e *likes* para todas as redes sociais.

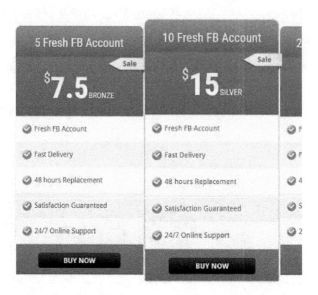

O The SMM Expert

https://thesmmexpert.com/service/buy-instagram-accounts/

Vende vários tipos de contas, algumas com quatro anos, outras com seis anos (aged), dos E.U.A, UK, e cidades da Europa. Preços a partir de 22 dólares. Contas de Facebook, Instagram, Gmail, entre outras. Contas de Instagram verificadas por SMS. Contas com 5000 seguidores, 10.000 seguidores, há para todos os gostos e preços.

Pode igualmente comprar seguidores e *likes* para Twitter, Instagram, Facebook e demais redes sociais. Contas "business", negócios, de Facebook. Reviews do TripAdvisor. Aceitam pagamentos por Visa, Skrill, PayPal e Wepay.

O ACC Farm

https://accfarm.com/pt/buy-facebook-accounts

Comercializa perfis do Facebook de diferentes países por $3,99. Os pagamentos podem ser feitos com bitcoin, PayPal e Visa. Vendem ainda contas de *gaming* e *streaming*. O ACC Farm vende grande variedade de contas. Por exemplo, contas Facebook business, contas "pre-warmed" pré-aquecidas. Essas contas já tiveram atividade, *posts, likes* e engajamento durante vários meses.

Outra estratégia que pode fazer é comprar contas Instagram usadas, antigas (aged accounts) que já têm alguma popularidade e milhares de seguidores reais (na maioria de E.U.A e U.K). Depois passará a administrar essas contas e a publicar as suas postagens/anúncios, produtos.

Um dos websites, por exemplo, é o Too Fame:

https://www.toofame.com/shop/page/2/?orderby=price

Preços a partir de 59 dólares para contas do Instagram com 2000 ou 3000 seguidores. Aceitam PayPal e Visa.

Cartões SIM virtuais:

Para verificar contas por SMS, compre serviços do:

https://5sim.net

No 5SIM, pode comprar cartões "virtuais", em vez de ter vários smartphones e cartões SIM de operadoras (o que seria dispendioso).

São mais de 180 países, que, automaticamente, recebem o código SMS enviado pelas redes sociais para confirmar o número virtual.

Numero eSIM

https://www.numeroesim.com

Para receber código de verificação por SMS pode utilizar números eSim virtuais (sem necessidade de ter vários cartões e smartphones físicos). Para isso alugue números com a aplicação Numero eSIM

Download
Numero eSIM app now
and get your virtual
number in no time

Instalar estas aplicações e softwares nem sempre é fácil para o utilizador comum. Sugeri estas dicas apenas a título de curiosidade.

O leitor pode optar pela solução simples de comprar seguidores e *likes*, nos websites que referi no início. É uma alternativa prática e eficiente.

Warming-up

Gerir e crescer os perfis.

Dicas:

Vou dar dicas para crescer perfis e geri-los, chama-se "warming-up".

Imagine que esteja a administrar 10 perfis falsos no Facebook.

Nunca efetue login nesses perfis todos no mesmo dia.

Guarde uma foto de rosto para mais tarde (sem nunca fazer upload dessa foto). Isto porque o Facebook poderá solicitar que verifique a identidade subindo uma foto de rosto.

Perfis antigos (*aged*) são mais seguros, pois o Facebook já os considera fiáveis, e não pedirá verificação de identidade.

Pegue, por exemplo, um perfil feminino, faça login usando VPN, Proxy e navegador antidetect. Comece a administrar esse perfil, publique algumas fotos. Perfis só com uma foto transmitem "desconfiança" às pessoas e ao algoritmo Facebook, nota-se que é falso.

É conveniente inserir várias imagens da mesma pessoa, como procede nesse caso? Pode comprar em bancos de dados ou fotos geradas por I.A (não há risco de roubo de identidade).

Se for "roubar" imagens ao Google Images raramente encontra várias fotos da mesma pessoa. Tente roubar no Web Archive fotos de álbuns antigos, ou Fotologs, Tumblr, fotos bem antigas (de 2008 ou 2009) cujas pessoas já nem têm essa aparência hoje.

Se usar fotos de alguém da França, antigas de 2008, e meter num perfil do Brasil, será bem raro que essa pessoa francesa descubra, ainda mais já nem se assemelha às fotos com mais de quinze anos. É apenas uma dica.

Com esse perfil faça algumas interações, *likes*, gostos, comentários, etc. Depois saia (*logout*). Não use outros perfis apressadamente, espere.

No outro dia, crie outro perfil falso e administre-o.

Não use todos os dez perfis falsos para ir fazer "like" no mesmo *post* ou grupo, isso irá despertar a atenção do algoritmo.

Nem convém que esses perfis sejam seus "amigos" do seu perfil principal, para não haver vínculos.

Cada perfil é uma "personalidade" diferente, não tenha os mesmos comportamentos com todos os perfis, nem todos podem ser do mesmo clube de futebol ou gostar de música rock, ou de gatos, entende?

Por exemplo, no perfil "João" você pode se comportar como um camionista, que adora música rock, fumar, é do clube "Benfica", etc. Pode colocar *posts* sobre futebol, política, memes idiotas, etc.

Num perfil de "Márcia", tem de agir como outra persona, fazer *likes* em coisas diferentes, gosta de poesia, divulgar livros, colocar fotos de perfumes e vernizes, etc.

Compreende? Coloque também fotos comuns que as pessoas colocam: foto do cãozinho, foto de um prato no restaurante, uma praia, etc.

Se o perfil simular, por exemplo, que a moça é de França, pesquise endereços no Google Maps. Onde ela trabalha? Coloque o nome de uma empresa local e o bairro em que ela está situada, a universidade que ela frequentou, etc. Quanto mais específico, mais plausível será.

Faça variedade, nem todos os perfis podem ser sexys de 30 anos e homens jovens, faça alguns perfis de idosos também (risos).

Isto é ético? Não totalmente", mas não faça nada de ilegal (falsificações, phishing, extorsão, etc.). Desde que utilize esses perfis apenas para divulgar coisas de marketing, fazer *likes*, divulgar livros e serviços, não tem tanta malícia, não é?

Dica adicional; se quiser um perfil que seja popular e ganhe rapidamente centenas de amigos, faça perfil feminino, com fotos bem sensuais.

Quando criei perfis masculinos, levei um tempo para juntar amigos, enviei convites, mas poucos os aceitaram.

Mas com perfil de mulher sensual, nem precisei fazer nada. Centenas de pedidos de amizade choviam, mesmo de desconhecidos (risos).

Posso dizer-lhe um segredo, como webmaster sei, a grande maioria de empresas com websites e aplicações de encontros "Dating", como Meetic, Badoo, Easyflirt, Tinder, etc. Lucram milhões de dólares, e quando lançam uma aplicação não começam do "zero", pois sem membros eles jamais atrairiam homens que pagam. Eles começam com uma base-de-dados que já contém 50.000 perfis, muitos desses perfis são comprados a outras redes, e muitos perfis são falsos "bots".

Por vezes esses *bots* fazem engajamento e enviam mensagens sensuais a simular uma mulher a seduzir, paquerar, e o homem trouxa vai pagar mensalidade $ para poder ler e responder essa mensagem, mas era um *bot*! O Badoo faz isso todos os dias!

Aliás, conheço websites que vendem *script* e softwares para criar um website de *dating*, e já traz base-de-dados com milhares de mulheres.

Cartões eSIM

Em relação aos eSIM (cartões SIM virtuais ou números virtuais de telemóvel), observe que a maioria desses pacotes oferece números virtuais que expiram após 2 semanas ou 1 mês, não são números permanentes. Se estiver a gerir um número pequeno de perfis Facebook (10 ou 15 contas) sugiro que compre smartphones físicos baratos, daqueles pouco avançados e descartáveis, que custam dez ou quinze euros, e use cartões SIM sem fidelização (pré-carregamento) sem contratos, pois assim não terá despesas. Com esses smartphones baratos e cartões sem contrato, pode receber SMS das contas Facebook para realizar login. Se procurar no OLX, website de anúncios, há telemóveis usados desde 9 € e cartões SIM ativos à venda a 2,5 €.

Imagine pode comprar telemóveis usados "Alcatel 1068" Dual SIM, que permite ter até dois cartões em cada telemóvel, se tiver cinco telemóveis (e utilizar dois cartões em cada um) dá para usar 10 cartões SIM com esses 5 telemóveis. Já dá para você receber SMS com códigos de autenticação para cada conta de Facebook de cada perfil.

E não terá despesas com contratos, pois os cartões SIM são pré-pagos, sem contratos, sem mensalidades.

Pode colocar nas costas dos smartphones um autocolante com o nome do perfil, exemplo: Facebook de Ana, Facebook de João Silva, Facebook de António Castro, etc.

Os cartões, pode deixá-los sem código PIN de sessão, para ser mais fácil, ao ligar os smartphones escusa de meter um código PIN em cada um deles.

Envio massivo de mensagens

Também existem serviços para envio de milhares de mensagens no Facebook, para propagar a sua mensagem de marketing, esse serviço é DMS. DM são iniciais de "direct message". Por vezes, abreviado para Mass DM (mensagens diretas massivas).

Algumas empresas fazem isso, com um *bot*, mas a rede social considera as mensagens "SPAM" e pode filtrá-las. Então no "mercado negro" há quem compre esses packs de mensagens, mas que serão enviadas de centenas de perfis diferentes (os destinatários nem saberão que foi você, nem o seu perfil surge).

Possivelmente, já tentou enviar mensagens no Facebook Messenger, a divulgar um link de afiliado, link de um blog ou grupo seu, e após vinte ou trinta mensagens é bloqueado, correto? O Facebook baniu-o como *spammer* e, além disso a sua identidade ficou mal vista. Uma opção seria contratar serviço de terceiros para fazer isso, não é?

No Fiverr pode encontrar alguns vendedores (da Nigéria, Paquistão, Malásia, Índia) que operam redes de dezenas de perfis Facebook e podem enviar essas mensagens com a sua propaganda. Há pacotes de 1000 mensagens que começam nos 5 dólares. Seja por Facebook, como também pelo WhatsApp, Telegram ou Instagram.

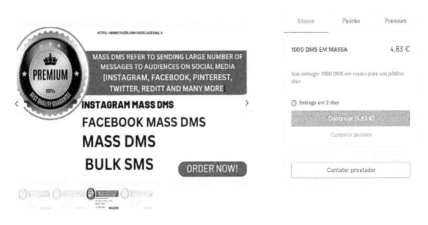

Exemplos:

https://www.fiverr.com/adesina_5?source=gig_page

https://www.fiverr.com/muhammadzaid396

https://www.fiverr.com/sarahali8

https://www.fiverr.com/asmaawan7345

Existem variadas formas de enviar mensagens SMS massivamente, o que se conhece por "SMS blasting", "Bulk SMS". Pode comprar na internet nalguns fóruns, números de telemóveis para enviar a sua propaganda.

41

Pode ainda pesquisar nos mapas Google, pesquisar em perfis do Facebook, etc. Pode utilizar ferramentas online de *data scraping*.

Depois decida como enviar milhares de SMS, pode solicitar a alguém no Fiverr (há preços desde 15 dólares), ou enviar num serviço online.

Mas é necessário implementar a API. Opção mais fácil é contratar alguém.

No Fiverr encontra diversos vendedores.

Exemplos:

https://www.fiverr.com/ayo_awoyemi

O preço para 2000 SMS enviadas ronda os 33 dólares.

https://www.fiverr.com/kinzahimran

Na *gig* de Bulk SMS ela vende, por exemplo, 5000 SMS enviadas por 19 dólares.

https://www.fiverr.com/bilalkhan530

Este vendedor tem preços desde 9 dólares para 500 SMS enviadas.

Também envia emails massivamente (Bulk emails).

https://www.fiverr.com/saied91

Este vendedor vende contactos de email, por exemplo 5000 emails por 5 dólares.

https://www.fiverr.com/cierka_media5

42

Este vendedor vende contatos de emails, por exemplo 10.000 endereços de email verificados, custam 5 dólares.

https://www.fiverr.com/dhrubacreator

Este vendedor pode criar até 15 contas Facebook, do país que quiser (depois ele regista-as no IP desse país). Os preços vão desde 15 a 38 dólares.

O website Bulk SMS permite enviar mensagens em massa, de vários países, eles utilizam números e colaboração com várias operadoras.

De Portugal, por exemplo, constato as operadoras Lycamobile, NOS, Vodafone e Meo. Se comprar 1000 créditos fica em 40 € e permite enviar 1120 mensagens SMS.

https://www.bulksms.com/pricing/

If you buy 1000 Credits you'll be able to send roughly 1120 Messages at a cost of

Pode efetuar *upload* da lista de contatos telemóvel, em ficheiro CSV, TSV ou XLSX. Tem solução online (web-based) ou aplicação desktop.

Enviar mensagens massivamente para WhatsApp.

Existe uma solução na nuvem, portanto fácil de utilizar, não necessita de fazer downloads nem implementar APIs. É o Send App:

https://sendapp.cloud/

A partir de 19 dólares mês, pode enviar até 10.000 mensagens (massivamente), tem autorresponder, *chatbot*, automação, etc. Primeiro compre na internet um número virtual para criar essa conta WhatsApp (não use o seu número original para enviar *Spam*).

Para alugar um número de telemóvel virtual pode ir ao SMS-Man

https://sms-man.com

Escolha o seu País, e a aplicação (por exemplo, WhatsApp), e irá receber SMS na sua conta do website SMS-Man. Eles cobram em média 40 cêntimos por SMS recebida (aquela SMS que tem um código PIN para verificar a sua conta WhatsApp).

Digamos que esses cartões SIM estão conectados ao servidor em questão, e permitem que receba a SMS no website (na sua conta no site) em vez dum smartphone.

Outro website é o SMS Rent

https://sms-rent.com/instructions

Inscreva-se no website e confirme o seu e-mail. Depois adicione fundos na conta com PayPal (por exemplo, 5 dólares). Escolha o país e serviço do qual quer receber SMS (exemplo: Portugal e o serviço é WhatsApp), cobram entre 1 € a 2 € por uma SMS que receber, depois é só confirmar código PIN e usar esse código PIN na conta que criou. Se estiver a registar novas contas Facebook, e usar esse código...Lembre-se de usar VPN com IP do País em questão, proxy, browser anti-detect.

Atenção, não envie emails de propagandas do seu email pessoal, isso pode trazer-lhe problemas, conta bloqueada por violar os termos, fazer *spamming*, etc. Utilize um serviço próprio para enviar emails massivos.

No "Send in Blue" pode aderir ao plano grátis e enviar até 300 emails diários.

https://www.sendinblue.com

No Send Pulse, na conta gratuita, pode enviar até 1500 emails por mês.

https://sendpulse.com

Outra opção é você criar um email temporário descartável, que apenas dura algumas horas, o suficiente para enviar as suas mensagens Spam.

https://www.emailondeck.com

Manipulação de Redes Sociais - Asamod 2023 ©

Dicas para autores freelancers

Autopublicação

Continuarei com técnicas de *Black Hat*, que os tubarões utilizam.

Você gosta de escrever livros, colocou o seu primeiro ebook na Amazon. Mas as vendas são poucas, e leitores apesar de comprarem alguns exemplares nem se dão ao trabalho de escrever uma opinião (*review*). O que vai fazer? Fica anos sentado à espera, sendo honesto, seguindo as regras da Amazon. Ou irá comprar *reviews*, como todos os autores famosos fazem? Pensa que todas as *reviews* aos livros deles foram voluntárias, nenhumas foram contratadas?

Se um leitor visitar o seu e-book na Amazon e ficar indeciso, e não existirem *reviews*, ele vai embora. Mas, se tiver 2 ou 3 *reviews* boas dizendo "este livro é excelente, adorei o conteúdo e o modo como foram apresentadas as informações, etc.", ele irá comprar! Além disso a Amazon coloca com mais destaque os e-books que tiveram *reviews*.

Para *reviews* em Inglês eu recorri a este vendedor, no Fiverr

https://www.fiverr.com/theigners

Cobra o preço do e-book (pois terá de comprá-lo, e assim a Amazon considera compra verificada e *review* verificada) e depois mais 25 dólares. Em média custa 30 dólares o serviço. Este vendedor posta *reviews* com diferentes contas, simulando diferentes pessoas.

Outros vendedores:

https://www.fiverr.com/aggets

https://www.fiverr.com/bilieiman

Atenção, se quiser *reviews* em português, pode enviar o texto e eles colocam esse texto (copy + paste). Se quiser *reviews* em inglês, peça a esse vendedor que compre o e-book e escreva *review* na página americana (U.S) da Amazon.

Por vezes o Fiverr restringe essas contas de reviews. O email direto de "The Igners" é: reviewservice2016@gmail.com

Manipulação de Redes Sociais - Asamod 2023 ©

Detonar a concorrência

Comprar Dislikes

Outro método curioso e sinistro é comprar "dislikes" (não curtidas) para detonar os seus rivais.

SMM Buy Sell

https://smmbuysell.com/buy-youtube-dislikes/

Por exemplo, 100 *dislikes* (aos vídeos dum canal rival seu), custam $3,5.

Mas o SMM Buy Sell vende também contas de redes sociais diversas (Linkdedin Twitter, Facebook, Instagram). Uma conta LinkedIn antiga já com 300 contactos, custa 7,5$. Uma conta Twitter com três anos e 500 seguidores custa $18.

Serviços para crescimento do seu canal YouTube: compre *likes*, comentários, partilhas, horas de visualizações (o YouTube agora exige que um YouTuber tenha 4000 horas de visualizações nos vídeos para poder lucrar com anúncios), YouTube SEO, e mais.

Este website tem um grande leque de serviços, as tão desejadas *reviews* para Amazon, por exemplo. Reviews para TripAdvisor, Fiverr, Google Play Store, e mais.

O site Bulk SMM Store

https://bulksmmstore.com/product/real-100-youtube-dislikes/

Tem pacote de 100 "dislikes" manuais (realizados por pessoas reais, não *bots*) a $8.

1000 Post "dislikes" Facebook por $10.

https://bulksmmstore.com/product/real-1000-facebook-post-likes/

Aceitam Visa e PayPal.

Vendem outros serviços como visualizações vídeo Facebook. Subscritores, views, likes para várias redes sociais. Vendem serviços SEO e tráfego web. Site mirror https://buyseostore.com/

O smm Divine também tem esses serviços de "dislikes":

https://smmdivine.com/buy-youtube-dislikes

250 "dislikes" YouTube custam $12,5

Termino no fim, com mais algumas ressalvas:

Use estas técnicas esporadicamente e com reservas.

Ou seja, não se apresse. Vá com calma. Não compre logo 5000 seguidores ou *likes*. Não adquira seguidores todos os meses! O seu crescimento tem de parecer "natural".

Compre por exemplo 300 seguidores, 150 *likes*. Depois no mês seguinte compre 100 seguidores. Em seguida, fique um mês sem comprar. Dê passos gradualmente. Não utilize estas ferramentas todas as semanas ou todos os meses, percebeu?

Não adicione massivamente mensagens ou pedidos de amizade a desconhecidos, o algoritmo do Facebook irá notá-lo como "spammer" e bloquear a sua conta. Convide, por exemplo, 5 pessoas para amizade, envie seis mensagens. Após uns dias faça igual.

Se adicionar vinte pessoas (convites de amizades) duma só vez, é um risco.

Perguntas e respostas

É comum comprar seguidores e likes?

É bastante comum porque se comprar seguidores, alcançará o seu objetivo em pouco tempo. É por isso que muitos perfis pessoais e profissionais preferem comprar seguidores.

Qual é o benefício de comprar seguidores?

A compra de seguidores ajuda-o a obter resultados mais rápidos. Ajuda a ter mais seguidores orgânicos, pois o número de seguidores será uma referência para o seu projeto ou negócio.

Benefícios:

Chama a atenção para novas postagens.

Sustentando as discussões sobre a sua página.

Impulsiona a sua autoridade social.

Atrair mais seguidores.

Aumentando a sua credibilidade.

Atrair tráfego para o seu website.

As *hashtags* no Instagram atraem seguidores?

Hashtags são uma ótima maneira de expandir o seu alcance social. Se tiver um grande número de seguidores, suas postagens podem aparecer na seção "Explorar" usando as hashtags adequadas.

Ter um perfil com muitos seguidores vai ajudar a atrair a interação?

Sim! Quando tem muitos seguidores reais e ativos no seu perfil, parece que é uma celebridade local e as pessoas percebem isso. Por esse motivo, um utilizador que possui muitos seguidores legítimos atrairá a atenção de possíveis seguidores orgânicos.

Por que devo comprar comentários?

Quando os utilizadores virem que a sua postagem tem muitos comentários, isso os atrairá para ver a postagem. Pode até ganhar mais *likes*, já que as pessoas vão visitar para ver os comentários.

O que é *masslike* e *massfollowing* no Instagram?

Gostar e seguir em massa no Instagram é uma tática usada pelos profissionais de marketing para obter assinantes rapidamente. Consiste em curtir ou seguir diversas contas num curto espaço de tempo, geralmente em 24 horas. Geralmente, essa estratégia é vista como um jeito de conseguir assinantes, mas pode ser percebida como uma maneira eficiente de criar uma audiência naturalmente.

Geralmente, quando um utilizador segue em massa a conta de alguém, procura hashtags relacionadas ao tema para encontrar contas relevantes que possam estar interessadas no que estão a oferecer. Passam a seguir essas pessoas na esperança de que algumas dessas contas também sigam de volta, ficando mais visíveis.

O Instagram permite que os utilizadores façam até 7.500 subscrições por dia, incluindo *likes* e seguidores; no entanto, é recomendável que os utilizadores não excedam 500-1.000 subscrições por dia para obter resultados ideais sem o risco de serem sinalizados pelos algoritmos anti-spam do Instagram.

Como é que as empresas fornecem comentários?

Bots:
Alguns sítios web usam *bots*, que são administrados por um programa ou plataforma, para criar, gerenciar e enviar comentários genéricos de maneira rápida e em massa. Embora realize o serviço, os comentários são, na maioria das vezes, claramente falsos e as contas de utilizador parecem ser também *fake*.

Comentário recíproco:

Essa técnica é normalmente usada num sistema de troca em que os utilizadores fazem ações para conquistar o mesmo nível de envolvimento para suas próprias redes. Se o provedor tiver uma rede de troca, é mais provável que os comentários sejam de utilizadores reais.

Recompensas:

Como uma rede de trocas, as empresas que utilizam este método têm uma plataforma própria nas quais as pessoas cumprem tarefas para obter pontos ou moedas. Podem utilizar esses pontos para adquirir *likes*, comentários ou seguidores para as suas próprias contas. Com este método, obtém comentários de utilizadores reais.

Promoções:

Algumas empresas criam campanhas de micropublicidade para direcionar o envolvimento real e direcionado à sua conta. Os comentários dessas promoções geralmente são de alta qualidade e são de utilizadores reais que têm algum tipo de interesse nas suas postagens, mas geralmente são muito caros e/ou não garantidos.

Como o algoritmo da página "Explorar" do Instagram funciona.

O principal objetivo da página "Explorar" é apresentá-lo a coisas novas. Sendo assim, apesar do Instagram ainda fornecer posts de acordo com o que mais segue, a grande maioria virá de perfis que você não acompanha.

O algoritmo determina quais postagens devem ser classificadas, analisando primeiro as postagens com as quais já interagiu. Depois, ele percebe quem mais reagiu às postagens e em quais outros perfis estão envolvidos. Isso ajuda o algoritmo do Instagram a restringir quais postagens classificar para a sua página "Explorar".

Depois de encontrar um grupo de posts do seu interesse, o Instagram classifica-os usando os seguintes sinais:

Informações do post – O Instagram analisa a popularidade de um post com base em quantos likes, comentários e salvamentos recebeu. Mas esses sinais têm muito mais impacto para a página "Explorar" do que para Feed e Stories.

Histórico de interação – Embora a postagem possa ser de uma conta que não segue, o Instagram pode entender o quanto está interessado no seu conteúdo com base em se você interagiu com os posts no passado.

Atividade do utilizador – o Instagram considera as postagens que curtiu, compartilhou e comentou. Ele também analisa o histórico de como interagiu com outras postagens na sua página "Explorar".

Informações sobre o post – o Instagram também considera informações sobre o post, como quanta interação recebeu nas últimas semanas. Isso ajuda o algoritmo a encontrar conteúdo de alta qualidade de uma ampla gama de utilizadores.

Glossário de termos

Anti-detect browser:
Browser (navegador) de não-deteção. É baseado em navegadores populares, geralmente Chrome ou Firefox. Ele permite que crie ambientes de navegação separados com a sua própria impressão digital: diferentes cabeçalhos de navegador e outras informações de identificação. Como resultado, os sites não podem vincular esses ambientes uns aos outros. Os navegadores Antidetect são frequentemente usados para gerir várias contas em redes sociais, controlar perfis de comerciantes em plataformas de comércio eletrónico como a Amazon ou executar o Google Adwords.

Automatação de marketing:
A automação de marketing refere-se ao uso de ferramentas que objetivem a automatização dos seus processos de marketing digital, tornando o processo de gestão mais organizado, ágeis e escaláveis.

Pode ser utilizada em conjunto com o e-mail marketing, por exemplo, e para algumas redes sociais, pode ser incorporado e auxiliar no agendamento de postagens e organização de um calendário editorial.

Backlinks:
Basicamente significa "links de retorno", também conhecidos como links de entrada e inbound links, para um determinado recurso da web é um hiperlink de algum outro site para esse recurso da web. Se tem um website ou blogue e deseja subir no ranking dos motores de busca, ter mais popularidade e tráfego, convém ter centenas de links que encaminham para o seu website, isso consegue-se com backlinks.

Black Hat:
Em inglês significa chapéu preto, para definir uma "ética" mais obscura. No meio hacker o termo distingue os hackers bonzinhos dos menos bons (os chapéus pretos) que violam as regras e não têm ética. No faroeste nos anos 50 já havia essa distinção, os bandidos usavam chapéus pretos, daí vem o termo. Black hat também pode

simbolizar as técnicas "obscuras" de marketing, entre mais.
Expressões derivadas: Black Hat SEO, Black Hat Social Media.

Bot:
Bot, diminutivo de robot, também conhecido como Internet bot ou web robot, é uma aplicação de software concebido para simular ações humanas repetidas vezes de maneira padrão, da mesma forma como faria um robô. Os bots são feitos a partir de conjuntos de algoritmos, o Facebook tem alguns bots para analisar os nossos posts, catalogar alguns como "spam", banir contas, etc.

Branding:
Conjunto de soluções fundamentais para a nutrição e sobrevivência de uma marca no mercado. Engloba todas as questões desde a sua formação até à sua gestão contínua, como identidade visual, estratégias de posicionamento e relação com público, etc. Método resumido: crie um blogue e website, escolha o "nome" (marca) do website e domínio. Crie um logótipo que represente tudo isso. Crie redes sociais e promova a sua marca.

Brandjacking:
É uma ação danosa a qualquer empresa por meio da tomada da sua identidade online, promovendo conteúdos que possam sujar a sua imagem. Os Brandjackers utilizam perfis fakes para garantir esse tipo de ação. Basicamente pode "detonar" a marca do seu rival. Também pode comprar "dislikes".

Buffer:
Buffer é uma ferramenta online para a gestão de redes sociais capaz de centralizar todas as suas contas num lugar só. Além de permitir a predefinição de horários para subir os seus *posts*, o Buffer também garante a visualização de estatísticas avançadas das postagens, fornecendo mais um ponto de análise da sua estratégia de redes sociais.

Drip-feed:
Drip-feed significa "goteamento" ou "gota a gota", quando estamos nas redes sociais significa criar e publicar conteúdo gradualmente (e

nunca duma só vez). Os websites que fornecem *likes* e seguidores também os adicionam gradualmente (em vez de uma única vez), para o Facebook, ou outra rede, não suspeitar. Ou, o cliente pode comprar 1000 seguidores, por exemplo, e agendar "tarefas" para que essa entrega seja gradual.

Email bomb:

É uma "bomba de email" ou para ter melhor tradução digamos que é "bombardear por email". É uma forma de abuso na rede que envia grandes volumes de e-mails para um endereço para sobrecarregar a caixa de correio, sobrecarregar o servidor.

Também pode ser uma forma de enviar milhares de emails de propaganda, Spam, utilizando um email anónimo e temporário. Há uns vinte anos, também se enviavam ficheiros infetados (vírus), a internet era menos segura e sites hackers proliferavam na internet e eram facilmente acedidos pelo utilizador comum (*lammer*), que podia inclusive baixar ficheiros infetados (em Zip) e enviar emails bomba de um website próprio.

Farming:

Account farming, por exemplo, significa "cultivar" ou "criar" diversas contas de redes sociais, para fins de marketing ou outros menos claros. Criar múltiplas contas "Bulk accounts", utilizando bots/softwares.

Ghost profiles:

São perfis "fantasma", criados por *bots*, ou criados manualmente por alguém, mas só servem para fazer número. Esses perfis raramente interagem.

Guest post:

Em inglês significa *post* convidado, são conteúdos trocados entre dois parceiros, de modo que cada blogue publique um conteúdo produzido pelo outro. Essa estratégia garante o fortalecimento das estratégias de link building, assim como dá maior visibilidade a ambos os parceiros. Imagine que tem um blog, e pode a um conhecido que faça um *post* no blogue dele sobre o seu e com hiperlink para o seu, você fará o mesmo. Existem opções pagas, em que pode pagar a algum blogger famoso para escrever um *post* no blogue dele acerca de si, a divulgar o seu livro ou produto.

Hashtag:
Uma *hashtag* tem o símbolo de # (cerquilha, cardinal). É utilizado para indicar palavras relevantes em determinado contexto, indexando-a no diretório de busca de redes como o Twitter, Facebook, Google+ e Instagram, por exemplo, em forma de hiperlink ou atalho para busca daquele conteúdo marcado. Em inglês "Hash" é o próprio símbolo cardinal e "tag" significa "marca" ou "marcar".

Influencer:
Utilizador com grande área de alcance nas redes sociais e capaz de influenciar na decisão de compra ou interação de outros utilizadores comuns.

Like:
Um *like* é um "gosto". "curtida".

Meme:
Nas redes sociais, memes são imagens, expressões, prints, vídeos, gifs, etc., passados de viralmente entre utilizadores continuadamente. Alguns exemplos populares incluem imagens da Gretchen, Leonardo Di Caprio com o Oscar ou O Iluminado com legendas humorísticas.

Painel SMM:
O Painel de Social Media Marketing, é um website que possui estratégias para atrair seguidores segmentados para um perfil do Instagram, Facebook ou outra rede, aumentando a sua visibilidade e engajamento.

PBNs:
Webrings, ou Private Blog Networks (Rede Privada de Blogs), são grupos de websites e blogues que se conectam uns aos outros com hyperlinks. Eles são projetados para criar autoridade de domínio e aumentar a classificação de cada website no Google. Penso que seja um mal necessário, pois hoje em dia é difícil fazer parcerias de links com outros bloggers, são demasiado burros, egoístas e egocêntricos e recusam troca de links e tráfego com blogues semelhantes (pois têm medo da concorrência), enfim. Então o método mais prático é você criar diversos blogs em locais diferentes (Blogger, Wordpress,

sites no Wix, no Weebly, etc.) com conteúdos e *posts*, depois nos links parceiros colocará links dos outros websites seus. A troca de tráfego é feita entre vários blogues seus, numa "rede interna" entende? Não vejo mal algum, desde que os blogs tenham conteúdos diversificados e diferentes (não podem ser clones uns dos outros com o mesmo conteúdo). Imagine que tem um "Blogue A", o visitante segue para o seu "Blogue B", depois "Blogue C", "Blogue D", mas todos os blogues têm visual e conteúdos e temas diferentes, existe qualidade de conteúdos.

O que prefere? Pedir parceria de links a meia dúzia de blogueiros que irão dizer não, ou pagar por anúncios e tráfego web gastando centenas de dólares? Ou prefere construir gradualmente, ano após ano, a sua própria rede de blogs e websites?

Tenho cerca de 11 websites e 16 blogues, e se contabilizar as visitas mensais de todos eles, o número ultrapassa os 4 milhões.

Phishing:
Tentativa fraudulenta de se obter informações particulares como logins, senhas e informações de cartão de crédito pela tentativa de se replicar layouts de instituições de confiança, principalmente por e-mails. O termo foi cunhado por hackers em 1996 que roubavam contas e passwords de utilizadores do America Online (AOL) é uma adaptação tecnológica do termo "fishing" (pescar).

Pins:
Pins são equivalentes aos "favoritos" das redes sociais. No Pinterest um utilizador pode "pinnar" qualquer conteúdo online que deseje, colocando-o em pastas virtuais para posterior consulta.

Post:
Post é o conteúdo criado e publicado em alguma plataforma da internet. Essa publicação pode ter o formato de imagem, vídeo, texto, áudio ou todos eles ...Em inglês "post" ou "to post" significa "publicar".

Pre-warmed accounts:
Contas "pre-warmed", são pré-aquecidas. Essas contas já tiveram atividade, *posts, likes* e engajamento durante vários meses. Também existem contas antigas "aged accounts" à venda. Imagine como um

bom Whisky de 12 anos, é mais saboroso e mais caro que um whisky de 8 anos. As contas antigas de Facebook (ou outra rede social) valem mais dinheiro no mercado.

Proxy:
Um proxy é uma forma de gateway entre os servidores da web e um dispositivo conectado à internet. As solicitações da Web feitas a partir do dispositivo devem passar pelo proxy para esse intermediário fornecido antes de chegar ao servidor da página web de destino (exemplo Facebook). Antes de chegar ao dispositivo, os resultados da página solicitada vão primeiro para o servidor proxy, o seu IP assim nunca é visto, apenas o IP do proxy.

ROI (Return on Investment)**:**
Retorno sobre Investimento, em português, é uma métrica bastante utilizada em gestão de redes sociais e indica quanto houve de retorno financeiro após a aquisição de determinado investimento (tanto para ferramentas quanto para infraestrutura). Em redes sociais, é possível calcular a conversão de leads por anúncio pago em Facebook, por exemplo.

SEO:
Search Engine Optimization engloba uma série de práticas para o aumento da visualização orgânica de uma página ou conteúdo por meio de buscadores como o Google. Concentra-se na otimização da formatação do conteúdo, uso de palavras-chave, além do entendimento das principais regras de rankeamento dos mecanismos de busca.

Troll:
Utilizador mal-intencionado com o único objetivo de gerar conflitos e controvérsias online. Deu origem à expressão "não alimente o troll", indicando a necessidade de se evitar esse tipo de utilizador e não lhe dar corda para os conflitos iniciados.

Viral:
Termo utilizado para designar qualquer texto, imagem ou conteúdo que se espalhe com alta velocidade pela internet (geralmente pelo elevado índice de partilhas), gerando aumento exponencial de

visitação quando comparado com as taxas normais de acesso do negócio.

VPN:

Iniciais de Virtual Private Network. É um serviço, programa, que protege a sua ligação à Internet e privacidade online. Pode escolher um endereço IP de qualquer país, e navegar, ocultando assim o seu IP nativo. Existem algumas extensões de browsers e aplicações gratuitas na internet.

Bibliografia

Já citei todas as fontes de informação nos referidos links, mas recorri ainda à Wikipédia.

Outras obras do autor

"Formulário Mágico – 620 Feitiços"

"Dimensões Obscuras e Sistemas Mágicos".

"Vrăjitoare- Magia Cigana".

"Feitiços de Amarração e Domínio".

"Magia Narcos".

"Rituais de Magia Negra".

"Vampyros Magicae- Magia vampírica real".

"Santa Muerte Codex"

https://www.occult-books.com

https://www.macumba-school.com

https://www.instagram.com/asamod777/

https://www.pinterest.com/asamod777/

https://www.tiktok.com/@macumbaschool

https://www.youtube.com/@asamod777

www.ingramcontent.com/pod-product-compliance
Lightning Source LLC
Chambersburg PA
CBHW070857070326
40690CB00009B/1885